CB059006

Momentos...

1ª edição – 2ª tiragem

EDITORA AFILIADA

Visite nosso *site* na Internet
www.jurua.com.br
e-mail:
editora@jurua.com.br

Capa: óleo de
Lígia Virmond Stockler

ISBN: 85-362-0016-2

Matriz / Curitiba: Av. Munhoz da Rocha, 143 - Juvevê
CEP: 80.035-000 - Fone: (0--41) 352-1200 - Fax: 252-1311
Representação / Rio de Janeiro: Excelência Assessoria Editorial
Av. Rio Branco, 257 gr. 410/12 – CEP: 20040-009 - Fone: (0--21) 220-2096

Editor: José Ernani de Carvalho Pacheco

S865	Stockler, Vidal Idony Momentos./ Vidal Idony Stockler./ 1ª ed., 2 tir./ Curitiba: Juruá, 2002. 202 p. 1. Literatura brasileira – Poesia. 2. Poesia – Literatura brasileira. I. Título.
	CDD 869 CDU 869

Vidal Idony Stockler
Endereço do autor:
Rua dos Funcionários, 1.193 – Apto. 08
Tel. (xx41) 254-7228 – Curitiba-PR

Momentos...

1ª edição – 2ª tiragem

2002
Juruá Editora
Curitiba

À minha estimada família, esposa, filhas, netos e genro, com todo carinho.

Aos amigos e futuros leitores, com meu apreço.

Aos insignes escritores e poetas Apollo Taborda França e Janske Niemann Schlenker pela gentileza da apresentação e prefácio desta obra.

APRESENTAÇÃO

    Fiquei deveras contente pela deferência de meu parente e especial amigo Vidal Idony Stockler me solicitando que procedesse, nestas linhas, à apresentação de seu primeiro livro de poesias a ser publicado: Momentos...

    *Sempre o primeiro gera muita expectativa e certa apreensão de parte do autor. Também, neste caso, Idony sentiu toda gama de emoções que envolvem esse **début** na esfera da editoração. Mas, tudo bem, e o livro está aí, prontinho, bonito por inteiro, por fora e por dentro! Além de contar com sua exuberante inspiração, nas requintadas 170 trovas e 84 poesias inclusas, teve mais o proficiente carinho de sua esposa Ligia Virmond Stockler, ilustrando a capa do livro com criatividade e competência artística, excelente pintora que é. Todo esse belo conjunto entregue à experiente Juruá Editora, para bem garantir o êxito do seu trabalho. E a beleza está à – vista: irradiante, global!*

    Idony, na verdade, não precisa de apresentação, por demais conhecido no meio da intelectualidade citadina, onde pontifica e se faz admirado pela – qualidade e copiosa produção poética. É reverenciado, e muito, no âmbito – da União Brasileira de Trovadores-UBT, Seção de Curitiba, onde de destaca e se personaliza com centenas de bem elaboradas trovas, apreciadas por todos que as ouvem e as lêem. Ele, vezes de envolvente singeleza e de outras vezes arrebatado, faz prevalecer sempre sua categorizada verve. Esteta, romântico e puro, aureola um caráter e uma personalidade ímpares.

    Nós, seus amigos e admiradores, também do MPPr. – Movimento Poético Paranaense, confraternizamos com Idony e ilustre família, por mais este sucesso em seu precioso "curriculum vitae". O livro ora editado vem dar um novo alento, colorido e realce às atividades literárias, poéticas em geral, do torrão araucariano e, também, da nobre Castro/PR, sua tão querida e decantada terra natal.

    Idony, aceite aquele abraço de congratulações, de todos nós que privamos de sua contagiante amizade e superna fidalguia, no mais grato convívio!

    Apollo Taborda França
    Da Academia Paranaense de Letras

PREFÁCIO

"Nos poetas sonha a humanidade".

Friedrich Hebbel

Quem conhece Vidal Idony Stockler talvez não saiba como é importante a poesia na sua vida. Ainda um pouco incrédulo, ele está vivenciando o nascimento do seu primeiro livro. Nele estão os primeiros sonetos e muitas de suas inúmeras trovas, trovas que ele está compondo constantemente:

"E vez por outra a saudade
de minha infância querida.
Oh! Quanta felicidade
que jamais será esquecida..."

Quem conhece o Vidal, sente-se bem quando ele traz um novo poema ou uma trova, que precisam ser lidos, que precisam ser compartilhados. Sente-se que aquelas linhas têm muito valor, um valor que não se pode medir nem pesar; um valor que não tem nome nem idade; este valor é tudo que o poeta deseja para se sentir completo.

"A poesia é uma revelação. No peito do poeta vive a humanidade com as suas alegrias e dores; e toda a história sua é um evangelho em que se anunciam as profundas realidades que determinam uma existência".

Friedrich Hebbel

Nesses tercetos, diz Vidal:

"*Repassando os tempos idos,
saudade de entes queridos,
guardada com emoção.*

*Por vezes penso ser sonho
o passado que reponho
na minh'alma e coração".*

    Chegamos ao fim do livro: compartilhamos do entusiasmo do poeta, da sua realização, que não tem preço. A vitória, a paz e a alegria que estão nas trovas e nos poemas. Vidal descobre a paz e a alegria no mundo que Deus criou. Ele descobre a paz e a alegria em todos os momentos da natureza. Finalmente, sua paz e sua alegria estão contidos na sua poesia!
    Encerro com a trova que fecha os seus "Momentos..."

"*Assim é porque Deus fez.
Será assim porque Ele quer,
a revolta não tem vez,
nem força ou poder sequer..."*

Janske Niemann Schlenker
Da Academia de Letras José de Alencar

SUMÁRIO

TROVA INICIAL	19
EXISTÊNCIA	21
PANORAMA	23
LEMBRANÇAS...	25
CASTRO	27
MINHA INFÂNCIA	31
MINHA MÃE	33
UNIVERSO...	35
AMADA ESPOSA	37
POESIA	39
O TEMPO	41
FONTE DA FLOR	43
QUERIDO PARANÁ	45
CAMINHADA...	47
DIA A DIA	49
INFÂNCIA	51
FILHAS QUERIDAS	53
BONS CAMINHOS	55
O XADREZ	57
A FONTE...	61
UM PÁSSARO	63
PINHEIRO DO PARANÁ	65
NOITES DE LUA...	67
ONDAS DO MAR	69
ENCANTAMENTO	71
DESPERTAR	73
A CRIANÇA	77
PRIMAVERA	79
A FLOR	81

A ÁRVORE	83
CACHOEIRA DA VIDA	85
BELEZAS DO SERTÃO	87
MEIO SÉCULO	89
RODA DE CANTO	91
COMPLEXIDADE	95
LUZEIRO	97
NUVENS	99
A ÁGUA	101
BORBOLETAS	103
TOQUE DE AMOR	105
AQUARELAS	107
A FAZENDA	109
BOM AMIGO	111
A VIDA	113
JESUS!	115
IMAGENS	117
A ROSA	119
MATIZES	121
O CRAVO E A ROSA	123
AMOR E PAZ	125
A AMIZADE	127
O POETA	129
SABEDORIA	131
FLORESCÊNCIA	133
UNIÃO	135
PAINEL	137
PONTOS DE LUZ	141
BÍBLIA	143
PAZ	145
LOUVOR	147
PROTEÇÃO	149
LUZ	151
A MULHER	153
FELIZ NATAL	155
MARIA!	157
MAGNÓLIA	159

TERMAS DE JUREMA	161
CENÁRIO	163
DESTINO AO MAR	165
O MAR	167
CHUVA E SOL	169
A ESTRADA	171
A CIGARRA E A FORMIGA	173
IMAGINÁVEL...	175
POMAR EM FLORES	177
RODEIO	179
BARCO DA VIDA	181
PARCERIA	183
NATUREZA	185
A VERDADE	187
ESPLENDOR	189
REPASSANDO...	191
CLARIVIDÊNCIA	193
DEUS NOSSO SENHOR	195
DESTINAÇÃO	199
TROVA FINAL	200

Eu sonho no meu viver
e vivo no meu sonhar...
na saudade, o reviver,
no presente, o caminhar...

A vida é força, poder!
Vinda de Deus com amor.
Sabedoria é entender
tão pouco tempo a dispor!

Acordado peço a Deus
proteção e seus carinhos,
como sempre me atendeu
pondo luz em meus caminhos...

EXISTÊNCIA

DEUS!
Há **DEUS,**
existe sim,
Ele está perto de mim.

Quando desanimado, no chão,
estende-me sua mão,
dando-me vigor e confiança
e transforma-me em criança.

Então revejo a natureza,
com seus matizes de beleza,
nos campos, as floradas;
nos céus, as noites estreladas,
no ar, ouço o cantar da passarada.

Tudo são festas em profundezas,
eliminam-se as tristezas,
rebrotam as alegrias.
Não são quimeras ou fantasias,
são sim:

A força e o poder singular
do Onipotente Criador
que sua mão
me estendeu,
DEUS!

Faz parte da natureza
também o complexo vida.
É deslumbrante riqueza
a boa ação concluída.

A terra hospitaleira
das flores e outras belezas...
do homem é companheira
doando suas riquezas.

PANORAMA

Natureza contagiante,
panorama de riquezas,
apresenta todo instante
variedades de belezas.

O saber Onipotente
vindo de Deus com vigor;
sua ação sempre presente
no perdão, na luz, no amor!

Sol, estrelas... o luar,
rios correndo para o mar.
Firme configuração.

As matas, campos... animais,
flores e vozes naturais
em deslumbrante canção!

Eram tempos tão felizes
os vividos em criança,
as matas, campos, matizes,
num mundo de confiança.

E vez por outra, a saudade
de minha infância querida,
Oh! Quanta felicidade
que jamais será esquecida...

LEMBRANÇAS...

Longínquo é o tempo de criança,
quanta saudade, quantas lembranças!
Da fazenda dos avós, do lindo casarão,
dos campos, das matas e da criação.

Do monjolo a bater no seio da mata,
sob as forças das águas em cascata,
transformando milho em farinha, no pilão.
Quanta saudade, quanta recordação!

Dos terreiros de secar o feijão,
onde crianças em grupos brincavam
com correrias e alegrias em profusão.
Oh! Saudade das festas que se cantavam.

Do jardim e extenso pomar ao redor,
dos frutos, do perfume, do botão em flor.
Dos contos, das histórias... das lendas...
traços de culturas das gentes do interior.

Quantas recordações, quanto enleio,
dos pássaros, as belas sinfonias, os gorjeios.
De catar nos campos, as frutas, as pitangas.
De ouvir ao longe as vozes das arapongas.

Hoje, tudo mudou, só há o chão, as terras,
nem pomar, nem monjolo... nem casarão.
Aquelas riquezas viraram taperas,
Só restam saudade e lembrança no coração!...

Recordo e tenho saudade
da linda Castro onde nasci.
Augusta felicidade
foram passos que ali vivi.

Volto ao lugar em que nasci
sinto tudo tão mudado,
nem canto do bem-te-vi,
é só sombra do passado!

CASTRO

Castro, meu querido torrão,
embora distante, o tenho no coração.
Terra dos meus queridos ancestrais,
pessoas de que não se esquece jamais.

Amada terra natal!
Em 1893/94, foi do Paraná, capital.
Castro com o nome de santa nasceu,
portanto, cidade abençoada por Deus.

Município de verdejantes campos
tendo as matas mais escuras como mantos.
Entre os rios, o Iapó e muitas minas.
Cidade pequena, tranqüila. É menina.

Berço de povo simples e hospitaleiro
acolhedor de irmãos de além-mar
que fazem nesta terra lindos canteiros,
recanto do Brasil, onde a vida é salutar.

Como imigrantes de outros países
os holandeses aqui deitaram raízes,
em Capão Alto, a Castrolanda e em
Carambeí, a primeira colônia assentada.

Seu clima e riqueza do solo
permitiram a instalação de colônias-pólo.
Povos imigrantes tiveram nova cidade,
Castro, que conferiu-lhes a cordialidade.

É bom que dados sejam relembrados,
fatos que a história tem enunciado.
Em 1770, às margens do rio Iapó
nasceu a Freguesia de Santa Ana do Iapó.

Em 1789 é elevada de categoria,
muda o nome para Vila Nova de Castro.
Por que essa mudança? Homenagem seria?
Sim. Feita a Martinho de Mello e Castro.

Em 1857 passou ser a cidade de Castro
e a bendita Santa Ana ficou sendo
a sua padroeira, dando-lhe proteção!

Saudade de minha infância
um jardim rico de flores,
brisa com leve fragrância,
de minha mãe os amores!...

A saudade infinda vem
nas horas de solidão
Lembra passagens do além
guardadas no coração.

MINHA INFÂNCIA

Recordar...
é voltar
a ser criança.

É reviver os dias idos
das estripulias, dos brinquedos,
das rodas de cantorias
emanando sons de alegrias.

É rever coisas engraçadas,
os gritos, choro e risada
nas manhãs ensolaradas,
partindo da petizada.

Futebol com bolas de meias
ou bexigas de boi, bem cheias,
o rolar em grama orvalhada,
pisar n'água de rua esburacada.

É ter em mente
a vibração acalorada
de grupos de gurizada
num mundo alegre e contente.

E mais que tudo é:
retornar aos calorosos braços
de **minha mãe**,
aquela **santa mulher**!

Lembranças da mãe querida,
pensamento em exaustão
na flor que nos trouxe à vida
com amor no coração.

Mãe!... É ternura, carinho,
é bondade que ilumina,
luz perene no caminho,
amor e graça divina.

MINHA MÃE

Minha santa mãe, Maria!
Adorada e bem lembrada,
rainha de cada dia,
competente e sempre amada.

Com primorosa maestria,
carinhos e compreensão,
compunha suave alegria
zerando a contradição.

Linda e delicada flor,
fonte de bondade e amor.
Na oração do dia-a-dia

com amplexo acalentava
seus filhos, porque os amava
e ao bom Deus agradecia.

Universo fascinante,
domínio do Criador,
do minúsculo ao gigante
ao colorido da flor!

Bondade e misericórdia
ensinamentos de Deus
que abraça-nos todo dia
porque somos filhos seus.

UNIVERSO ...

Inspire-se na bondade
faça o bem acontecer
e tenha felicidade,
paz e amor no seu viver...

A bênção vinda de Deus
estendendo a suave mão
lá das alturas dos céus
derramando doce unção.

Em carícias tão sedosas
tal qual pétalas da rosa
refletindo muita luz.

Neste universo perfeito
a manjedoura foi leito
do menino Deus-Jesus!

Sinto na dança dos sonhos
envolvendo sonhos meus
que não há dias tristonhos
ante a luz dos olhos teus.

Oh! Bendizemos a vida
e nisso temos razão.
É caminhada florida
que nos enche de emoção.

AMADA ESPOSA

LÍGIA – também mãe e avó
Incute com natural fraternidade
Gama crescente de bondade e amizade
Impõe amor e compreensão como alvo
Adorada pelas filhas e netos com afetividade.

Vem de Guarapuava, nascida.
Ilumina com doçura sua vida,
Remontando... as lembranças,
Montanhas do tempo de criança
Onde naquelas plagas se cantavam
Nas noites enluaradas
Diversos acordes que musicavam.

Sensibilidade rica. Artista da tela,
Toca o pincel com mão singela;
O verde, azul e tantas cores usadas,
Com talento e produção confirma,
Know-how, em pinturas mil estampadas,
Lindos quadros revela,
Eternizando sua criação.
Resguarda a arte e a família no coração.

Poema, soneto ou trovas
luzes da meditação,
rimas e versos dão provas
do belo da inspiração.

Mesmo na falta do poeta
a poesia se faz presente.
Fala a natureza esteta
florida, feliz, contente.

POESIA

Poesia, que retrata o sentimento,
nascida no âmago do coração;
é como música em belo momento
e ocupa espaço em nossa inspiração.

É paz, é luz, vivência, aquecimento,
toda ancorada em forças e emoção!
Empresta graças ao comportamento
e à nossa vida, grande elevação.

Vai, a poesia, pelo mundo inteiro
e ilustra a saga desse seu luzeiro,
mostrando a face de grato esplendor.

Encanto com tanta sublimidade,
que assume a forma da felicidade,
dada por Deus, o nosso Criador!

O tempo constante, passa...
leva passagens queridas.
É fogueira com fumaça
a corroer nossas vidas.

Roda outono, roda inverno,
a primavera e verão
num percurso sempre eterno
mas o homem ? Roda não!

O TEMPO

O tempo corre, avança
num andar sempre constante.
Oh! Espaço de criança
como era lindo e gratificante!

Os dias continuam correndo:
no céu a estrela brilha,
as criaturas envelhecendo
mas o tempo segue a sua trilha.

O passado ficou; foi presente.
O presente é entusiasmo, criança.
O futuro mito de esperança,
tudo, energia envolvente.

O cérebro gravou o passado,
muita coisa escapou,
nem tudo foi catalogado
mas, o tempo não mudou!

A saudade se apega ao gravado.
O esquecido só o sonho revela,
as lembranças são fatos listados,
o sonho é TV, imagem na tela...

O tempo a rodar... indiferente
com o que acontece ou aconteceu
não dá espaço intermitente
firme, segue a Lei de Deus!

Ó meu Brasil chão de estrelas,
ricas campinas sedosas,
matas verdes, aquarelas,
flores e moças vistosas.

Espaço continental
matas, campos... e céu anil,
natureza sem igual
é nossa pátria, o Brasil!

FONTE DA FLOR

O relevo das montanhas,
ondas de nobre perfil.
As belezas são tamanhas
nas paisagens do Brasil.

As planícies e campanhas,
flores, coloridos mil,
verdes mares e façanhas
sob o céu de puro anil.

Cataratas e brancuras,
o piar das saracuras,
um recanto de esplendor.

O cantar do rouxinol
curtindo o brilho do sol.
É Brasil, fonte da flor!

Paraná, belos sertões,
verdes campinas e matas
a despertar emoções
pinheiros e cataratas.

Nas belezas do universo
canta o lindo sabiá,
canta a prosa, canta o verso
nas terras do Paraná.

QUERIDO PARANÁ

O Paraná primoroso
com mata...campo e rosa
e pinheiro majestoso
de verde copa frondosa.

Elevadas no sertão
palmeiras do sabiá.
As águas cantam no chão,
rosnando dorme o guará.

Cataratas com certezas
enriquecem as belezas
do querido Paraná.

E povos do mundo inteiro
vêm sentir neste canteiro
riquezas que existem cá.

Na linha do horizonte
o sol no ocaso, fugiu;
crepúsculo, vem a noite,
seqüência, o dia sumiu.

E só da noite o luar;
dos pássaros, os gorjeios;
é do dia, o ensolarar,
mas do homem, os receios.

CAMINHADA...

Deslancha a bela tarde silenciosa
p'ra vinda da plena noite em paz.
Perfuma no jardim a rica rosa
e a vontade da natureza se faz.

No horizonte o sol desaparece.
A noite com seus pontos faiscantes,
Estrelas, lua, frescor, como em prece
vem e se instala até a aurora radiante.

Surge o canto alegre dos passarinhos,
é o novo dia a derramar carinhos,
e a mostrar esplendorosa beleza!

Caminhada que se faz em harmonia,
crepúsculo, noite, aurora e dia.
É o poder de Deus! Suprema grandeza!

Caminha o tempo, percorre,
atrás só ficou saudade.
O homem avança, corre,
procura a felicidade!

  Vida, atributo dos seres.
  Do passado: só lembranças.
  Presente: riso e deveres.
  Futuro? Luz de esperanças...

DIA A DIA

Longe ficam os dias de criança,
as brincadeiras e simplicidade
num mundo alegre de autoconfiança
e contemplado de felicidade.

Sucedem-se horas, o tempo avança
e carregado de complexidade,
incertezas e até desconfiança;
p'ra vencer, exige serenidade.

E vive-se o presente emocionante
mirando um futuro perto ou distante
condicionado ao nosso dia-a-dia.

Por vezes, a saudade do passado
brinda o nosso pensamento cansado.
Só Deus, nos dá força e plena alegria!

É no mundo da criança
que a beleza se deslumbra
seu vigor e confiança
apagam toda penumbra.

Bendizemos sua vinda
pois veio nos alegrar
criança presença linda
fonte de luz a brilhar!

INFÂNCIA

Ser esperança!
Que brinca, que canta
que briga, que chora
que corre, que pára
que salta, que rola
que pinta, que risca
que corta, que cola
sem dúvida, é você:
a criança!...

Deus ama minha família
e a conduz com proteção.
A sua ação concilia
e impede desunião.

Querido Deus! Meu Senhor!
Glorifique meu pensar
num jardim cheio de amor
e que a paz seja meu lar.

FILHAS QUERIDAS

E nas virtudes do bem
sublime iluminação,
das belezas que contém
o jardim em floração.

O pensamento do bom
solidifica amizade.
É música dando o tom
da plena felicidade.

Ó minhas filhas queridas
Antonieta e Cristina,
Lígia Maria, menina!

Luz e paz em suas vidas.
Pai e mãe: com fervores seus,
pedem proteção de Deus!

Sintonize-se com Deus
recebendo sua luz
e sinta nos olhos seus
maravilhas que produz!

No reto caminho siga
de braços com a união
desprezando sempre a briga
que faz mal ao coração.

BONS CAMINHOS

Alma e pensamentos soltos
palmilhando bons caminhos
de cuidados sempre envoltos
abraçados de carinhos.

Claridade Onipotente
no ordenamento correto
use arbítrio inteligente
e fuja do mal: é abjeto!

Colha frutos na bondade
conclamando a mocidade
nessa faixa de esplendor!

O resultado alcançado
é sucesso consagrado
ante os olhos do Senhor!

O xadrez é lindo esporte
com ação planificada,
elimina o fator sorte,
exige mente acurada.

Na peleja do xadrez,
uma estratégia com glória
é matar o rei de vez
com o xeque da vitória.

O XADREZ

O Xadrez é jogo. É arte.
Porfia, luta. É esporte.
Tabuleiro é o campo de operação.
Um dos jogadores será campeão.

Trinta e duas peças em ação,
frente a frente colocadas estão,
uma metade, brancas,
e outra, pretas são.

No mundo do Xadrez,
há também discriminação.
As pretas que esperem a vez,
as brancas, primeiro em ação.

Dois jogadores em lide.
Peças brancas e pretas em revide,
têm elas a seguinte denominação:
Rei, Rainha, Torre, Bispo, Cavalo e Peão.

Objetiva o jogo destruir o rei.
As demais peças o defendem. É a lei.
Quando não há defesa, termina o embate
e o rei será morto, com xeque mate.

Os reis nem sempre são destruídos.
Neste caso, sem vencedor ou vencido,
paralisado é então o combate
e o jogo é declarado empate.

Simbolicamente é uma guerra,
em que dois exércitos se entreveram,
iguais em poder de fogo e efetivo,
vencendo o do estrategista mais ativo.

É formador de sadia amizade
por isso dá ao homem felicidade.
Requer especial inteligência,
exigindo perspicácia e paciência.

O Xadrez é instrutivo, desperta a atenção,
é fonte inspiradora de criação.
Aos enxadristas proporciona lazer,
neste mundo lindo de se viver!

Rola água na cachoeira
com som de mansa ternura.
Borboleta tão fagueira
completa linda moldura.

Correnteza leva a flor
da montanha para o mar,
embora chore de dor,
o rio não pode parar...

A FONTE...

Sou nascente, sou criança,
sou fonte que molha a flor!
Gero bem-aventurança,
minha lágrima é de amor!

Cresço aos olhos da menina,
adoro o sol e o luar,
tenho vida cristalina.
Sou fonte... quero cantar!

Mantenho rara beleza,
filha sou da natureza.
Sou fonte... quero cantar!

Na minha função querida,
reponho águas p'ra vida.
Sou fonte... vivo a cantar!

O lindo joão-de-barro
junto com a companheira
constrói aposento bizarro
lá na copa da palmeira.

O joão-de-barro faceiro
modelando a construção
num trabalho com esmero
p'ra ter nova geração.

UM PÁSSARO

As aves – centenas de milhares
aquáticas ou não, dominam espaços e ares.
Entre elas, em especial, um passarinho
como outros bem emplumado e bonitinho.

É o joão!... O joão-de-barro,
porque constrói sua casa de barro.
É alegre cantador e engenheiro talentoso,
construtor assaz primoroso.

As aves em geral e de modo assumido
fazem seu ninho em local escondido.
O joão, ao contrário, a faz exposta,
quer seu castelo bem visível em resposta.

No universo paranaense, há carinhos
globais, aos graciosos passarinhos;
e seu povo educado e virtuoso
aplaude o joão pelo garbo charmoso.

O pinheiro, galhos hirtos
nas florestas, ele lá,
de formatos tão bonitos,
orgulho do Paraná.

O majestoso pinheiro
é frondoso, igual não há.
Tão fascinante, altaneiro
símbolo do Paraná.

PINHEIRO DO PARANÁ

No Paraná o seu povo obreiro,
De suas matas, elegeu a maior beleza,
como símbolo, o majestoso Pinheiro,
que representa também exuberante riqueza.

Com a semente, o saboroso pinhão,
a ave, gralha azul, renova a plantação
e a ecologia tão lembrada e decantada
tem sua sustentação sempre renovada.

Pelas suas riquezas e belezas naturais,
cataratas, matas, campos e tudo mais,
o Paraná é airoso, empolgante,
como o Pinheiro, ereto, fascinante!

Noite estrelada, luar
representando alegria,
de existência secular
impondo sua magia.

Vê-se no céu a luz da estrela
também a lua prateada,
encantamento, aquarela.
É poesia enamorada...

NOITES DE LUA...

Noite de lua cheia.
Baile da namorada,
moça encantada,
... na aldeia.

Noite de lua nova.
Vida que se renova,
pequena flor!
... hino de amor!

Noite de lua crescente,
de desejo ardente,
entoando canção,
... afagos do coração.

Noite de lua minguante.
Enlevo de moça elegante,
com flores adornada,
... e mimada.

Cheia, crescente,
nova ou minguante
é sempre a lua:
...prateada,
...encantada,
...adorada,
...influente,
...deslumbrante!

Fonte de beleza,
esplêndida filha da natureza!

Em melodioso cantar
e beleza sem igual
as ondas quebram no mar
cumprindo o seu ritual.

Na radiante alvorada
com águas beijando areias
vem a lua prateada
ver a festa das sereias.

ONDAS DO MAR

Ondas se amansam nas brancas areias,
sob olhares da serena gaivota
e que vê a dança linda das sereias
em belo ritual de ida e de volta.

Estrondo de sons em livres cadeias,
com toques na rocha da água em revolta,
que estendem seus vapores sem peias
em claras nuvens, que a leveza escolta.

No matiz do dia ou da noite escura
o mar na sua voz sempre murmura...
e mostra farta e empolgante riqueza.

Na graciosa palidez do luar,
estrelas ouvem as ondas cantar
na melodiosa voz da natureza.

É da beleza da vida,
a coexistência do amor;
é florada colorida,
jardim de rico esplendor!

A sensibilidade é
beleza, poesia, amor,
carrega consigo a fé
na existência do Senhor.

ENCANTAMENTO

Tantas belezas no mundo,
matas, campos, luz... e a flor,
encantamento profundo,
suavidade, paz e amor!

A plenitude da paz
reflete sabedoria
e a voz da poesia traz
deslumbrante melodia.

Liberdade e harmonia
ancoradas na união
promovem doce alegria.

Num amplexo de bondade
oriundo do coração,
floresce a felicidade!

Sorri o céu, também a terra,
estrelas, sol, lua e luz,
oceanos, montanha e serra
pelo nascer de Jesus.

Natal marca o nascimento
do menino Deus-Jesus.
Glorificou ensinamentos
de amor, paz, perdão e luz!

DESPERTAR

NATAL!
Desperta
criança,
jovem,
adulto e ancião:
é fundamental,
com Jesus em união,
festejamos seu nascimento,
o Natal.

NATAL!
Nova era marcou,
Deus na sua sabedoria
e num ato de amor
colocou Jesus no mundo,
como nosso guia e pastor.

NATAL!
Símbolo de paz e felicidade,
justiça e harmonia.
Em igualdade,
procedemos com alegria
reunião em família.

NATAL!
Precioso indicador,
início de caminho novo.
A nós veio Jesus
para extirpar a dor
e o pecado do povo.

NATAL!
Árvore nova, rico esplendor,
estende suas raízes de paz,
no universo homem,
implanta o amor
e a vontade do Criador se faz.

No palmilhar sua estrada
mantenha firme confiança
em uma vida encantada
como a graça da criança.

Singeleza da criança
tal qual a flor colorida
a refletir esperança
no belo jardim da vida.

A CRIANÇA

E na beleza da criança
se revela simplicidade,
ternura e muita confiança,
reduto de felicidade.

É pilar de sustentação.
Vitalizadora influente
do fator amor-união
na têmpera sedosa e quente

É canteiro de belas flores,
seus sorrisos ricos primores,
imagem de doce alegria.

Criança também foi Jesus
distribuidor de paz e luz,
Unigênito de Maria!

E floresce a primavera
com imensa formosura.
Na sua beleza impera
muita luz, muita ternura.

Deslumbrada primavera,
pomar, riquezas em flores,
a maravilha que gera
no ar, intensos olores.

PRIMAVERA

A linda pradaria em evidência
atapetada das mais ricas flores.
É a primavera com toda opulência
em um remanso e vastidão de cores.

Das estações destaca-se em essência,
pelos perfumes e por seus fulgores;
os passarinhos cantam em candência
os consagrados hinos, esplendores.

Ó primavera, florida canção
a transmitir alegria e emoção,
a paz, o amor e a sensibilidade.

Sua presença, aprazível beleza.
É fonte esbelta que emana nobreza,
Glória Divina de excelsa verdade!

A flor envolve alegria
pela beleza que encerra;
faz parte da sinfonia
das maravilhas da terra.

Pássaro voa contente.
A flor está perfumada.
A chuva cai mansamente
e molha a terra abençoada.

A FLOR

Tudo é belo na natureza
a flor integrante, realça a beleza
qual o sol que ilumina o mundo,
o seu perfume é profundo.

A flor enfeita tudo na vida,
por isso é sempre querida.
Distribui o néctar a granel,
sabe do valor p'ra feitura do mel.

Os pássaros dominam os ares,
perfumes inebriantes dos pomares
vêm da flor! Depois o fruto acontece,
fato lindo que a enobrece.

Como o rio que corre e avança,
a flor prenuncia a esperança
de boa colheita de alimento
que ao homem traz sustento.

A flor – congregação de amores!
Sem ela por certo a natureza
perderia espaços de beleza
e choraria de dores!

O relevo da floresta
copas voltadas pro céu,
interior silêncio e festa
e brisa soprando ao léu.

Penetra na mata, escuta...
os maravilhosos sons,
sinta a invisível batuta
na partitura dos tons.

A ÁRVORE

Forma floresta... pomar, arvoredos.
No seu reino é a linda rainha,
estrutura de complexos segredos,
no meu pomar além de linda, é minha.

Predomina em suas cores o verde
de nuanças variadas, desiguais.
Aos pássaros dispensa abrigos de verdade
que lhe agradecem com gorjeios madrigais.

Acolhimento dá aos animais,
pois, tem condições de assim o fazer,
aos mansos, ferozes e outros mais.
É jardim! É fonte de viver!

Equilibra a natureza, defende mananciais.
E com a luz do sol recebida
absorve gás carbônico e a vida é mantida,
a sua própria e a dos animais.

Ao homem fornece casa, papel, iluminação,
berço, sombra e frutos para alimentação.
Na cura ela se faz presente,
usando o caule, a raiz, a folha ou semente.

É também usada na ornamentação,
no Natal, nas praças e ruas da cidade.
Bela riqueza e de grande utilidade,
merece carinho e distinta proteção.

Inesquecível saudade
que a mente sempre nos traz
a rever felicidade
dos tempos que não vem mais!

                                         Na sinfonia da vida,
                                         Eu sinto tanta beleza,
                                         tranqüilidade querida
                                         das vozes da natureza.

CACHOEIRA DA VIDA

Adeus à porteira velha
lá do longínquo sertão,
do luar e da centelha
e das flores do rincão.

Na cachoeira da vida
existem lindas canções,
no meio de tanta lida
envolvendo os corações.

Vez por outra está presente
a calorosa saudade
abraçando nossa mente.

A beleza inteligente
que nos traz felicidade,
vem da Luz-Onipotente!

Na rude lida campestre,
sol ou chuva acontecendo
o homem torna-se mestre
sua luta vai vencendo.

As aves cantam na sanga,
na mata lá do sertão,
muitas frutas, a pitanga,
range o monjolo e o pilão.

BELEZAS DO SERTÃO

A passagem ondulante da lida
incorpora belezas do sertão,
brisas, cascatas e a flor colorida,
panorama que envolve reflexão.

Vem a noite com a lua querida
inspiradora de linda paixão,
abre alas à contingência da vida
para sentir melodiosa canção.

O firmamento repleto de estrelas
formando suntuosas aquarelas,
jardim da noite bordada de luz.

Reaparece a aurora sorridente,
e os gorjeios com o sol imponente.
Riquezas que somente Deus conduz!

Em Abril, descobrimento
do Brasil, nosso torrão;
para os povos tal evento,
gerou nova dimensão.

Ó meu Brasil brasileiro
de inigualável beleza
e com povo altaneiro
a manter sua grandeza.

MEIO SÉCULO

Portugal, senhor da navegação,
Cabral numa caravela partiu
por altos mares em nobre missão,
cumprindo o que Dom Manuel pediu.

E com iluminada vocação
aporta ao Brasil, onde bem sentiu
dos nativos a grande admiração;
assim, em festas, o Brasil surgiu.

E já meio século percorrido
o Brasil no seu vasto chão querido,
mantém um elo de fraternidade.

Aos portugueses, os desbravadores,
pleno reconhecimento e louvores
e aos demais povos, a justa amizade!...

Tira as amarras da mão
segue livre seu caminho,
liberta sua canção
como faz o passarinho.

Sinta no rodar do mundo
a natureza em ação.
Encantamento profundo...
Paz, luz, amor, emoção!

RODA DE CANTO

Canta a água na cascata,
ruge a fera na mata.

Canta o tropeiro no caminho,
a ave dorme no ninho.

Canta o eco no morro,
lá embaixo late o cachorro.

Canta no espaço o astronauta,
o músico toca flauta.

Canta a onda no mar,
brilha o relâmpago no ar.

Canta a criança no berço,
a religiosa reza o terço.

Canta o vento no espaço,
faz graça no circo o palhaço.

Canta na roça o caipira,
onde o barbante é a embira.

Canta a araponga na floresta,
engalana-se a cidade em festa.

Canta o jangadeiro no rio,
o inverno traz o frio.

Canta o galo no terreiro,
muge o boi no potreiro.

Canta o poeta no exílio,
o necessitado pede auxílio.

Canta o sino na igreja
o barco na água veleja

Canta a moça enamorada,
no céu, as estrelas e a lua prateada.

Canta o pássaro rouxinol,
o universo recebe a luz do sol.

Canta o vaqueiro na invernada,
o automóvel buzina na estrada.

Canta o sapo na lagoa,
seus filhos, alimenta a leoa.

Canta o índio na selva,
o herbívoro come a relva.

Canta o inseto no ar,
os peixes nadam no mar.

Canta o artista nos teatros,
a terra é iluminada pelos astros.

Canta o pássaro no bosque,
a beldade faz retoque.

Canta o boêmio a serenata,
os rios correm na mata.

Canta a flor em botão,
o atleta passa o bastão.

Canta a cigarra no estio,
o pescador na barca dormiu.

Canta o garimpeiro na mina,
na roda brinca a menina.

O canto e tudo mais acontece,
sob o impacto, poder e força da natureza!

E no consenso do amor
vem a paz e não a guerra,
transmitindo o seu valor
extirpando o mal da terra!

Ponha no cálice vinho
E no seu coração, amor.
Toque a vida com carinho
como abelha toca a flor.

COMPLEXIDADE

O amor, a amizade e a bondade,
o respeito, o perdão e a caridade,
a compreensão, a fé... e a humildade,
tudo são eventos d'uma complexidade!

Há no contexto reciprocidade.
A amizade e o amor não têm idade,
vem de perto, vem de longe,
da posição intermediária não foge.

De perto vem da infância,
de longe do ancião.
Qualquer que seja a distância
tem sua dose de emoção.

A vida requer a complexidade:
paz, harmonia, liberdade...
reunidas dentro do coração
e para coroá-la a necessária união!

Nos meandros da poesia
o sentimento em ação
envolve suave alegria
adoçando o coração.

A vida, graça encantada
tem a beleza da flor,
maravilha abençoada
é glória de Deus e amor.

LUZEIRO

E no caminhar da vida
pontilha muita esperança...
onde flores coloridas
são sorrisos da criança.

As águas brotam na mina
em cadência continuada
vão molhar a flor menina
que embeleza a namorada.

Natureza manifesta,
os sons... as flores em festa,
singeleza genial.

É luzeiro do universo
onde o poeta faz seu verso
com rico potencial.

Povoam o céu as nuvens
panorama da beleza
de presença sempre jovens
a caminhar com leveza.

                                As brancas nuvens do céu
                                em movimentos constantes
                                com transparência de véu
                                são belezas empolgantes.

NUVENS

Nuvens espalhadas, rendando o céu
em movimentos de ricos primores,
com a leve transparência de um véu
acenam à lua e ao sol com amores.

Figuras várias, até de troféu,
deitam sombras nos prados e nas flores;
sempre em dispersos vapores ao léu
ou gotas d'águas cantando esplendores.

E nas alegres brancuras das nuvens,
há paz, luz..., suscitando parabéns,
com aplausos à nobre criação!

As nuvens ocupam espaços no ar
como as estrelas dançam ao luar.
Magnitudes onde Deus pôs a mão!

Ronda o céu nuvem esparsa,
vapores em suspensão;
quando densa gera ameaça
e derrama água no chão.

Chuva leve de verão
chega à terra ressequida,
umedece todo chão
renovando ação querida.

A ÁGUA

A água evapora e vai!
Na sua ida, espaçosa subida.
Como chuva retorna, cai!
Sua volta, rápida descida.

Da vida é parte integrante,
sem ela tudo é frustrante.
Devemos sua presença bendizer
porque a faz por merecer.

Pela chuva vem e molha a terra
dádiva que a natureza encerra.
Maravilha! Revigora a vida
dos animais e da flora, florida.

Poderosa energia hidráulica
que se transforma em elétrica,
operação que o homem conduz
fazendo riquezas dessa fonte de luz.

Pelos grandes rios, oceanos e mar
permite riquezas transportar.
Aperfeiçoa atletas e faz campeão
nas canchas esportivas de natação.

Na sua esplêndida função,
seu ciclo se mantém em continuação,
evaporando para as nuvens formar
e chovendo, para a terra voltar!

Borboleta reluzente
voa suave com leveza
e pousa na flor dormente
enriquecendo a beleza.

Refulgem encantamentos
nas cascatas, nas floradas,
onde dançam por momentos
lindas asas agitadas.

BORBOLETAS

E voam borboletas delicadas
pelas campinas cobertas de flores.
Brincam e dançam com breves pousadas
e num ritual de ricos esplendores.

Enriquecem manhãs ensolaradas
e consagram os seus belos valores,
essenciando convivências amadas,
onde não faltam os vincos de amores.

Ornamentam as brancas cachoeiras
o colorido das asas ligeiras,
eventos de harmoniosas doçuras.

Tão mimosas vidas da natureza,
refletem panoramas de leveza
e de amáveis e graciosas pinturas.

A vida é tão lindo encanto,
é o belo sol a brilhar,
tem as nuvens como manto,
na noite, tem o luar.

Invisíveis mas existem
as mensagens do Divino,
seus efeitos bem persistem
na origem e no destino.

TOQUE DE AMOR

Suave paz em manhã ensolarada,
rios correndo murmuram seu cantar.
A moça vê belezas da sacada
e as borboletas dançam ao voar.

Solta o grilo sua voz musicada,
os peixes deslizam n'água do mar,
leves raios do sol em escalada
e as nuvens no seu vasto patamar.

É a natureza com toque de amor
emoldurada pelos sons e a flor,
brisa e melodias dos passarinhos.

Riquezas dominantes do universo
empolgando o poeta no seu verso
com luz e paz cercada de carinhos.

Arco-íris lembra as flores
da culminância da serra.
São lindos feixes de cores,
riscam céus, beijando a terra.

Perfumadas, pequeninas
lindas flores amarelas
das verdejantes campinas,
verdadeiras aquarelas.

AQUARELAS

A natureza produz
verdadeiras aquarelas:
o sol distribuindo luz,
noite a faiscar estrelas;

Borboletas e cascatas,
vapores d'água no ar,
linda floração das matas
com aroma salutar.

A brisa leva perfumes,
namorados sentem ciúmes,
pássaros dobram canções.

Abelhas tocam nas flores
que respondem com amores,
Deus-Mestre dá entonações!

Redor do fogo no chão,
contos, histórias, as lendas.
Assar na brasa o pinhão,
lindas noites na fazenda.

E na quebrada dos campos,
bem distante, na ladeira,
perdigão lança seus cantos
a chamar a companheira.

A FAZENDA

O universo fazenda deslumbra de encantos.
Lá se escuta o pio das aves nos campos.
O ar mais puro melhora a respiração,
afastando de vez o fantasma da poluição.

No amanhecer as vozes dos animais
cruzam o ar em melodias sem iguais.
Dos bovinos nos campos o mugir;
das ovelhas no aprisco o balir.

O cachorro late o bom latido,
os suínos respondem, com grunhidos.
Os pássaros num constante revoar
emitem gorjeios e melodioso cantar.

Relincham nas campanhas os cavalos,
com tropel, em corridas, saltando valos.
Madrugada canta o galo e repete o cantar.
Bezerros presos, berram com sede de mamar.

Recolhem-se as aves no crepúsculo do dia,
curucacas dormem nos frondosos pinheiros.
Nas matas, a vigilante coruja pia
e jumentos soltos orneiam nos potreiros.

Nos riachos, as águas cristalinas correntes
formam nas pedreiras cachoeiras imponentes.
Borboletas multicores o ambiente enfeitando,
animais silvestres por ali passando.

As maravilhas do nascer e do pôr-do-sol.
Movimentos de vaqueiros nas invernadas,
as melodiosas canções do rouxinol,
a noite, a lua e as estrelas encantadas.

As abelhas fazem do zumbido seu cantar.
Flores coloridas embelezam aqui e acolá,
exalando perfumes no ar, de embriagar.
Nesse quadro fascinante há o canto do sabiá.

Cão, animal de valor
e de grande utilidade,
presta sempre seu ardor
no trabalho e na amizade.

Na caçada o cão levanta
a codorna ou perdiz;
novo caçador se espanta,
perde o tiro por um triz.

BOM AMIGO

É o nosso conhecido cachorro.
Animal inteligente, do homem fiel amigo.
Bem ensinado, a este, presta socorro,
e em muitas circunstâncias o livra do perigo.

Dispensando-lhe o cuidado pertinente,
de saúde, educação e alimentação,
o homem procede bem e diligentemente,
cuida do cão e este retribui sua atenção.

Amigo também das crianças,
que dá enlevo em suas brincadeiras;
as amizades entre eles são festanças
e aqui, os adultos, engrossam fileiras.

Importante amizade e sua utilidade:
na guarda pessoal e na guarda caseira,
na caça e na lide campeira
e como cobaias em operações de riscos;

produz nos circos trabalhos artísticos
e nos campos belicosos, elevada função.
Ainda nas geleiras é animal de tração.
Tudo, fruto de sua inteligência e capacidade.

E na humilde palhoça
a rede, o violão e carinhos,
rodeada pela roça
e cantar dos passarinhos.

Caminhando sua trilha
pondo confiança e amor,
por certo a vontade brilha
e espanta qualquer temor!

A VIDA

Amanhecendo, brilha o sol nascente.
Na colina, o casebre sertanejo.
Na mata, a cristalina água corrente
e a saracura a cantar seu desejo.

No dia-a-dia, a luta pelo pão,
a família no trabalho se lança
com denodo, em busca da produção
e sabe que com vontade e fé alcança.

E na rudeza constante da lida,
põe o homem o marco de sua vida.
No rancho, na rede, dorme a criança.

Passam no céu nuvens brancas e azuis
e no olhar e proteção de Jesus,
firme está aquele mimo de esperança.

Ó Natal de tanta luz!
Verte ternura e alegria
A vinda de Deus-Jesus,
fonte de sabedoria.

O presépio natalino
panorama de Jesus,
nascimento do menino
que no mundo trouxe luz.

JESUS!

No universo realidades,
fatos históricos falando
de assunto deveras profundo:
Estrela, anjos, ... celebridades!

Vida sublime e imaculada
virá ao mundo, sabedoria,
em uma criança encantada
sob a proteção de Maria.

Recebendo a flor mimosa,
afagos da mãe carinhosa,
com a doçura original.

Ser divino em especial missão,
implantar: paz, amor e perdão.
Quem é ? Jesus! É Natal!

A borboleta ligeira
voa suave na campina,
pousa em flores da ladeira
e sombreia águas da mina.

                                        Rosas floridas na sombra
                                        das laranjeiras em flor,
                                        um panorama que lembra
                                        muita paz e muito amor!

IMAGENS

O botão suspira... cala.
Nasce a rosa no lugar
e suave perfume exala
sua doçura pelo ar!

Vislumbram encantamentos
as cascatas, as floradas,
onde voam por momentos
borboletas agitadas.

E nas transparentes águas
imagens a refletir
num espaço de luzir

Dissolvem-se todas mágoas
na fortaleza do amor!
E o mundo ressurge em flor!

Passeando no jardim
sinto a beleza da rosa,
o perfume do jasmim
e dos insetos.... a prosa.

O botão da rosa abrindo...
nasce a flor, uma beleza,
o perfume se expandindo
com a mais doce leveza.

A ROSA

A branca... cor da paz,
a vermelha.. do carinho e do amor.
Há outras cores e nuanças
amarelas, rosas... e lilás.

Na natureza plantada
ou em estufas cultivadas,
no porte médio, pequeno
e grande é encontrada.

Ela existe nos vasos,
várzeas, planícies e serra;
no inverno, outono e verão,
mas prefere a primavera.

A geratriz é a roseira
tenha espinhos ou não.
Primeiro tece o botão,
Que abre, desabrocha!...

Nasce a linda flor
sempre perfeita e mimosa
com perfume embriagador
é a suprema rosa!

Em manhã ensolarada,
harmonia de beleza
com o pio da passarada
alegrando a natureza.

Relicário de belezas
o som, brisa, aroma e flor,
um cadinho de riquezas
vindo de Deus, com amor!

MATIZES

Correntezas e cascatas
e os gorjeios pelas matas
Bela moça na sacada.

No sol raios brilhantes.
As campinas verdejantes
tem na lua a namorada.

A rosa canta seu verso,
o cravo não fica aquém.
São belezas do universo
e as outras flores também.

Matizes da natureza
numa linda floração,
coloridos de riquezas
onde Deus tem sua mão.

Não se duvide do cravo
e muito menos da rosa,
houve ciúme, briga e agravo,
depois... a festa gostosa.

Alegre cantam as flores
na paz do cravo e da rosa,
sorrisos encantadores
na festa maravilhosa.

O CRAVO E A ROSA

Entre as flores só reinava harmonia.
De repente "o cravo brigou co'a rosa"
e quebrou-se o elo da franca alegria
numa cena impensada e dolorosa.

A nova primavera se irradia
elevada, bela, maravilhosa
e o doce entendimento ressurgia
na volta da amizade calorosa.

E renasce a velha fraternidade,
já coroada de felicidade,
reposta à estreita e bela união.

Jardins se regozijam, tudo festa
e também as campinas e a floresta
com aplausos à reconciliação.

Colha nas flores da lida
amizade em profusão,
resplandeça sua vida
com amor no coração.

Sinta a ternura da paz,
a beleza que produz.
Harmonia que se faz,
todo escuro vira luz!

AMOR E PAZ

Cultive a lisura e a sinceridade:
verá nascer a luz maravilhosa
fomentadora da rica amizade,
seleta, como a beleza da rosa.

Coloque na vida a serenidade
e mantenha a candura preciosa
seguindo a brisa da felicidade
numa canção, por certo, graciosa.

E revendo na saudade o passado,
tendo o pensamento sempre ancorado
em Deus, que nos dá o eterno perdão.

Compondo a vivência linda e sagrada
sente-se a voz e luzes da alvorada
repondo amor e paz no coração.

Faça culto da amizade
lindo relacionamento,
reproduz felicidade
e luz no procedimento.

Fundamento da amizade
é a convivência do bem,
lago de tranqüilidade
e feliz quem a mantém.

A AMIZADE

Preserve a linda e sincera amizade
fazendo dela uma excelente amiga
e não permita, por nefasta, a intriga,
destruidora da felicidade.

Siga o caminho doce da bondade,
o qual refuta a dolorosa briga
e cultue primorosa cantiga
fruto da rara sensibilidade.

Um jardim de pura magnificência
que desaprova com firmeza o algoz.
Tem estrutura na benevolência.

Fonte serena, riqueza em valores,
com melodia e beleza na voz.
Suave remanso coberto de flores!

Pensamentos navegando
pelo espaço sideral
em verdade procurando
o porto do seu ideal.

                              A vida, espaço risonho
                              que se não pode medir,
                              transfigura-se num sonho
                              real, só para sentir...

O POETA

Rica memória e sensibilidade
misturam-se na imagem do poeta,
a luminescência e felicidade
envolvem a bela vida do esteta.

Cultua espaços de cordialidade
em caminhada incomum, seleta
Enxerga o belo com amenidade
suprindo sua linda ação concreta.

Vê na figura da Santa Maria
a mulher, mãe, a fé e a confiança.
Vê as riquezas da noite e do dia.

Tem na paz, amor, luz e passarinhos,
emoldurada rede de bonança,
benção de Deus e sublimes carinhos.

A noite maravilhosa,
lua, sonhos fascinantes,
com aurora esplendorosa
e suas luzes brilhantes.

Neste mundo de mistérios,
somente Deus o poder!
O homem tece critérios,
mas nunca pode entender!

SABEDORIA

E Deus, com sabedoria,
implantou na natureza
o cenário de alegria,
plenitude de beleza.

Corre noite, dobra o dia
e repete nas manhãs
os cantos da cotovia,
verdadeiros talismãs.

A noite com as magias.
O dia com melodias
tem presença do arrebol.

Luzes, estrelas, luar,
as flores, águas e o mar
e o resplandecente sol.

Numa contínua seqüência
os minutos vão passando,
a noite perde existência
com a aurora deslumbrando!

Certeza da madrugada
dia logo a clarear
o canto da passarada
depois o sol a brilhar!

FLORESCÊNCIA

Sorridentes madrugadas,
a lua espiando o mar
e as sereias encantadas
que não param de brincar...

Na seqüência vem aurora
coroada de esplendor;
no horizonte, como outrora,
surge o sol com seu calor.

Os fios d'água em cascata
abrem clareira na mata,
brancuras e burburinhos.

Nas campinas verdejantes
com relevos ondulantes,
florescência e passarinhos.

Na grandeza da floresta
há silêncio e melodia,
ecos, gorjeio e seresta
e o cantar da cotovia.

Há nos campos e nas matas
aragens, flores e sons,
animais, rios e cascatas
cantando com lindos tons.

UNIÃO

E no remanso da linda floresta,
com a beleza da verde campina
e a borbulhante água vinda da mina,
florescem sons de alegria e de festa.

Murmuram ondas das águas do mar
e molham alvas e finas areias,
palco de danças das belas sereias
que tem a luz, a brisa e o luar.

A sinfonia e a voz dos passarinhos,
produzem ecos de felicidade,
bem rebuscada de serenidade,
fonte de glória e de suaves carinhos.

A variedade e fragrância das flores,
as borboletas, pássaros e abelhas,
nobres estrelas e suas centelhas
e a luz do sol a refletir primores!

Ó natureza de tanto esplendor!
Um universo de amor e união
impondo paz coberta de emoção,
tudo!... Consagração do Criador!

Para uns a noite é sonho
e para outros, é o dia;
com sorriso até suponho,
tudo é linda melodia.

Reside na natureza
a força da liberdade!
Ao homem esta riqueza
engloba felicidade!

PAINEL

O sol, a luz, o capuz
O belo, a flor, o amor
A noite, o luar, o mar
A força,
A fraqueza, a firmeza.

A beleza, a dança, a criança
O retrato, a melodia, o dia
A chuva, a água, a mágoa
O vinho,
A luva, a uva.

A floresta, a festa, a seresta
O leite, a nata, a mata
A vida, o forte, a morte
Os animais,
Os passarinhos, os carinhos.

A música, o hino, o destino
O canto, o manto, o santo
O pouco, os desiguais, os demais
A lembrança,
A saudade, a felicidade.

O prazer, o desprazer, o lazer
O rio, a cascata, a serenata
O serro, o esmero, o tempero
O poeta,
O trovador, o lenhador.

A cama, a trama, a lama
A religião, o berço, o terço
O mau, o bom, o som
A fé,
A caridade, a bondade.

O céu, o firmamento, o véu
A riqueza, a nobreza, a pobreza
O raio, o trovão, o vulcão
A esperança,
A confiança, a desconfiança.

O fogo, o crepúsculo, a aurora
A ciência, a violência
A neve, a campina, a mina
A serra, a guerra,
A paz.

Isso tudo e tudo o mais
é painel da complexidade
que o universo todo
nos traz.

No ser a força do ser!
Na flor o encanto da flor!
Na vida o rico saber
Congrega paz, luz e amor!

Palmilhe bem os caminhos,
ofereça humildade,
siga afastando os espinhos,
abrace a felicidade!

PONTOS DE LUZ

A noite... serenidade!
Pontos de luz a brilhar,
nos campos e na cidade
e sobre as águas do mar.

E seja útil no seu tempo,
no trabalho e no servir.
Elimine os contratempos,
semeie para o porvir.

Sobrevivem sentimentos
são passagens, são momentos,
portadores de emoção.

As águas cantam no leito.
O homem, um ser perfeito.
Deus!... É a glorificação!

E da espiritualidade
faço minha religião
e sinto tranqüilidade
na poderosa oração.

Lança no solo a semente
do amor, da paz, da bondade,
a resposta certamente
será de felicidade!

BÍBLIA

A Bíblia – o livro sagrado, que traz
conhecimentos de manso entender
conectados com a suprema paz,
como o crepúsculo ou entardecer.

Revela força fluente e capaz
nas caminhadas do belo saber,
tal qual o brilho do sol que refaz
as alegrias pelo amanhecer.

As santas profecias sempre em flor
mantém conteúdo de grande valor.
Riqueza de grata sabedoria.

Com entendimento a graça se alcança
na maravilhosa fé e esperança
vinda de Deus com sábia maestria.

No silêncio tenho paz.
É dádiva do Senhor,
do cansaço me refaz.
Agradeço com louvor.

Pessoas em seus caminhos
querem a paz desfrutar,
verdadeiros passarinhos
que não param de voar.

PAZ

A paz, concreta força do Senhor,
silenciosa ou expandindo alegria,
acopla-se no perfume da flor,
na suave música e na melodia.

Reflete estado de franco esplendor
que a natureza com sabedoria
vai distribuindo eflúvios de amor
numa dança de doce harmonia.

E nela circula graça e bondade
evento de rica felicidade,
em caminhada de longa emoção.

É realidade bela assumida,
em moldura que valoriza a vida
onde Deus derrama iluminação!

Natureza poderosa
um cadinho de beleza
criação esplendorosa
de Deus, tamanha riqueza!

A vida, um alegre sonho...
percurso cheio de amor,
nas orações me proponho
pedir bênção do Senhor.

LOUVOR

Erga louvor ao Senhor:
na exuberância do mar,
na singeleza da flor,
noite, estrelas e luar.

Na claridade dos dias,
no cantar dos passarinhos,
nas vozes e melodias
da cascata e ribeirinhos.

Na fortaleza da serra,
grandiosidade da terra,
na verdejante campina.

Pelo embalo da floresta
com a natureza em festa
e a meiguice da menina!

Deus é minha proteção
andarei na sua luz;
sustenta meu coração,
na alegria me conduz.

O viver com alegria
é ato de satisfação,
enriquece o dia-a-dia
e faz bem ao coração.

PROTEÇÃO

Correm as horas, naturalidade...
pássaros gorjeiam hinos de amor,
a brisa deslancha com suavidade.
Os prados sustentam a linda flor!

Crianças, fontes de felicidade...
o sol com brilho e doce calor,
a lua suscitando claridade.
As estrelas refletem esplendor!

Essências supremas da natureza
com sua maravilhosa beleza,
congraçando tudo, luz multicor!

Assim vivemos nosso dia-a-dia
deixando mágoas, tecendo alegria
na forte proteção do Criador!

Crianças e travessuras
no brinquedo o seu folguedo;
puras, belas criaturas,
levam a vida sem medo.

Criança, retrata amor,
doçura, flor colorida.
Indica a paz. É primor,
glorificação da vida!

Luz...

Criança, criança,
rainha da criação,
das jóias é a mais rara,
e das flores a mais bela,
sua magnitude e temperança
ultrapassam a imaginação.

Criança, criança.
Centro do universo,
ao redor tudo é festança,
seu poder é fonte de progresso.

Criança, criança.
Vara de condão,
na sua desenvoltura reside a esperança
como no poeta brota a inspiração.

Criança, criança.
Bela ascensão,
da sua caminhada pontilha a lembrança
dos seus feitos até a emancipação.

Criança, criança.
Você é perfeição,
sua pureza é sem semelhança,
pois, moldada foi no coração.

Criança, criança,
sua força e pujança
o mundo conduz
nele você é a máxima Luz.

A mulher, fonte de amor,
luz de valor salutar,
é mais linda do que a flor!
É beleza singular!

Mulher, santa criatura
de beleza exponencial.
Possui graça, tem candura
e tem força espiritual.

A MULHER

Mulher, constelação toda beleza,
a mãe, a geratriz do amor, do bem,
tem na alma a luz, a fonte da grandeza,
uma estrutura vinda do além.

Enriquece com graça a natureza,
Glória Divina, que o universo a tem,
sabedoria rara, que riqueza!
Virtuosidade! Um anjo diz amém.

É santidade ornamentada em luz,
Maria! Genitora de Jesus,
o qual no mundo conclamou perdão.

E seja esta mulher sempre louvada
com carinho na sua caminhada,
tendo, de Deus, a doce proteção.

É Natal! Dia Feliz!
É Natal! Noite de Luz!
O mundo inteiro bendiz
o nascer do Deus-Jesus.

Natal facho de luz,
imorredoura alegria,
nasce o menino Jesus
aos cuidados de Maria.

FELIZ NATAL

NATAL! O nascimento de Jesus,
bom filho da Santíssima Maria,
veio ao mundo pra derramar a luz
e dar exemplo de sabedoria.

No caminhar, com amor reproduz
ensinamentos que a paz requeria;
maravilhosos milagres conduz
posicionando o bem com maestria.

Eternizado no seu coração
revela ao povo o penhor do perdão,
configurando sobejo esplendor.

Numa homenagem especial
cantemos louvor de Feliz Natal!
Na graça do Supremo Criador!

Musicando sacros hinos
em louvor à Ave Maria,
na igreja dobram sinos
seis horas de cada dia.

Mãe, a santa criatura
eleita da Divindade
fonte de luz e ternura,
amor e felicidade.

MARIA!

Maria! Maria amor!
Coração imaculado.
Oh! Mãe de Jesus Senhor
o divino Ser amado.

Com o marido José
seguiu por longos caminhos
demostrando muita fé
p'ra ter Jesus sob carinhos.

Chorou lágrimas de dor
no espetáculo-terror
ao ver seu filho Jesus

Chicoteado, torturado
e ainda sendo pregado
por fim... no lenho da cruz!

Desfolhando a bela flor
com a vida em despedida,
verte o sufoco da dor
e cai a lágrima contida...

A morte vazio completo,
evento desolador
de sentimento repleto,
leva a vida, deixa a dor!

MAGNÓLIA

A linda magnólia decepada
pelo forte machado destruidor
verte tristeza na passarada,
fogem os gorjeios, fica a dor.

A mente humana predadora
comete tão brutal desatino.
As flores, e os perfumes de outrora
desapareceram, também o hino.

E somente a terra ressecada
sem a vida do bom vegetal
marca a pura ação descomunal.

E a força de Deus determinada
refaz a nova e excelsa beleza,
e brota a magnólia com nobreza.

A jurema de Iretama
fonte d'água mineral,
seu valor por si proclama
ser dádiva celestial.

Gratos dias na fazenda
Jurema, linda e brilhante!
A paz é rica oferenda
p'ra saudar o visitante.

TERMAS DE JUREMA

Jurema, deusa que imprime beleza,
lagos, cachoeiras, árvores e flores.
Miragens de exuberante grandeza
num clima de insuperáveis valores.

Lama negra, águas termais, que riqueza!
Pássaros gorjeando hinos de amores,
consumação da esbelta natureza
evidenciando ricos esplendores.

Hotel de consagrado atendimento
impondo satisfação e alegria,
glória de elevado contentamento.

Jurema desperta linda emoção.
Inspira um mundo de rara magia,
cantando sua própria canção.

Beleza pluralizada,
detalhes em profusão
da natureza encantada
onde Deus pôs sua mão!

Pontos faiscam no céu
das estrelas a brilhar.
As cataratas um véu,
de seus vapores no ar.

CENÁRIO

Fascinante cachoeira,
águas, espumas, vapores,
leito de forte pedreira.
Nas orlas, ninhos e flores.

Borboletas voadoras,
natureza em festival
e vozes de aves cantoras,
num cenário colossal.

Na claridade ou luar
as águas já esbranquiçadas
seguem em longas jornadas.

Sempre em destino ao mar,
lei suprema a concebeu,
fonte criadora, Deus!

Como o rio segue o destino
o homem também o faz.
Enquanto águas cantam hinos
o homem procura a paz!

                                          As águas encachoeiradas
                                          cristalinas a rolar
                                          nas trilhas determinadas
                                          querem o mar abraçar.

DESTINO AO MAR

Brota a água, vai brotando,
é olho d'água ou vertente,
em borbulhos da terra saindo
ela emerge fria ou quente.

Faz reservatório na crosta da terra,
o nível da água se mantém, impera.
O volume aumentando, extravasa.
A água anda com suas próprias asas.

Em sulcos pequenos escorrega,
é o córrego que surge e navega.
Em conjunto aumenta a proporção,
criam-se assim o riacho e o ribeirão.

As águas continuam correndo,
ribeirões confluindo vão o rio formar,
que pelas planícies e vales vencendo,
sem parar, chega ao destino... o mar!

Noite! Estrelas a brilhar,
instala o silêncio, a paz
e o prateado do luar
numa harmonia se faz.

Mares bravios ou tranqüilos
ondas que vêm e que vão
em movimentos de estilos
cantando sua canção.

O MAR

O mar espraia ondas sobre areias,
também lança contra os rochedos.
Distante o canto suave das sereias
que brincam e dançam sem medos.

A gaivota tranqüila, plaina no ar
curtindo o panorama marinho
recebendo a leve brisa do mar.
Recolhe-se, à tarde, ao seu ninho.

À noite, as estrelas brilhantes,
a lua adornando a madrugada
acaricia o mar. É sua namorada.

As águas em movimentos constantes,
dia e noite; no vasto mar, a imensidão!
São vibrantes vozes entoando sua canção.

A chuva vem de repente
cantando sua canção
e refresca a terra quente
melhorando a produção.

A semente adormecida
a sonhar com benfeitor,
pede terra umedecida
para ser a planta e a flor!

CHUVA E SOL

Chuva forte vai caindo,
pleno dia de verão
e a luz do sol refletindo
na mais perfeita união.

A chuva molhando a terra,
em esplendorosa função,
recebe ecos da serra
louvando bendita ação.

Produz oxigenação
o astro, rei da claridade,
p'ra geral felicidade

E faz evaporação.
Chuva e sol são grandezas,
que Deus dotou a natureza.

Distinto homem valente
na dura luta da vida,
com trabalho competente
vence os encalços da lida...

                                      Viandante caminheiro
                                      sem rumo certo, vagando...
                                      nas estradas ou carreiros
                                      sua vida vai sonhando...

A ESTRADA

A estrada, rumo ou caminho,
sinônimas palavras, um cadinho.
Representa e retrata a circulação
de tudo que a natureza nos põe na mão.

As aeronaves se entrecruzam nos ares
e os navios singram altos oceanos e mares
em viagens seguindo seu rumo
pela bússola e coordenadas, em resumo.

Como no ar e no mar, na crosta terrestre
os caminhos se riscam em todos quadrantes,
nos quais se transportam riquezas importantes
para necessidades citadina ou campestre.

Além da circulação de riquezas,
há aquelas de trabalhos científicos e de lazer,
envolvendo o homem, potencial de bom saber.
Configurando em tudo, uma vastidão de belezas.

A estrada dentro do universo
quer seja rudimentar ou bem sofisticada,
alavanca a força poderosa e entusiasmada
que carreia consigo o fator de progresso.

A formiga trabalhando
com muita proficiência
o alimento vai juntando
não quer sofrer dependência.

Estratégia da formiga
é não sofrer dependência;
a cigarra na cantiga
esquece da subsistência.

A CIGARRA E A FORMIGA

Em primoroso trabalho a formiga
organizada e num constante vai e vem,
carrega comida, sofre fadiga,
luta... mas, prudente, supre o armazém.

Lazer... canta melodia a cigarra,
a romper o silêncio da floresta;
nada com o trabalho e sem amarra,
continua cantar sua seresta,

Passam os dias de esplendor do estio,
escassez de comida, inverno e frio.
E conversam a cigarra e a formiga:

a cigarra não canta, diz o nome
e pede comida, exausta, tem fome!
A formiga fala: coma a cantiga!

Eu sinto a noite passar
quieta, devagarinho...
E vejo o dia chegar
transbordante de carinho.

Dorme a noite, nasce o dia,
vem o sol iluminando,
também suave melodia
e o poeta ?... vibra cantando!

IMAGINÁVEL...

Lindezas do entardecer
o sol perdendo o vigor
para a noite aparecer
com lua e estrelas em flor!

Envolvida de emoções
vem a aurora, um esplendor!
Nos trinados, nas canções...
volta o dia. É revigor!

Permanece a natureza
com nuanças de beleza,
são relíquias do Senhor...

Em composição adorável
e feitura imaginável
do Deus Santo, o Criador!

Árvore amiga frondosa,
bons frutos, perfumes, flores,
rica sombra carinhosa,
agasalho de primores!

                                        Na pequenina semente
                                        a potência adormecida
                                        que é sua vida presente
                                        esperando ação querida.

POMAR EM FLORES

Pomar em flores é puro aroma!
Magnífico olor que derrama
do pessegueiro à laranjeira,
do butieiro à pereira.

O encontro do perfume das flores,
fluídos constantes, primores,
da macieira ao limoeiro,
da jabuticabeira ao abacateiro.

A fragrância inebriante,
qual ardor fulgurante,
do caquizeiro à mimoseira,
da ameixeira à figueira.

O conjunto fascinante,
de colorido deslumbrante,
com prenúncios auspiciosos
da vinda de frutos saborosos.

O proprietário fica empolgado.
O visitante extasiado.
Os pássaros a voar e revoar
enriquecem as belezas do pomar!

Joga o laço o boiadeiro
em movimento correto
alcançando o boi ligeiro
num trabalho bem concreto.

Em rodeio engalanado
montando lindo picaço,
cavalo bem apeirado,
vaqueiro traz boi no laço.

RODEIO

Moças, mulheres, crianças,
homens, vozes, movimentos,
musicalidade, danças,
parque de lindos momentos.

Animais fortes, valentes,
e vindos de algum rincão
para festa competente,
esporte e competição.

Na beleza do rodeio....
o cavalgar sem receio
do destemido peão.

E começada a batalha
sobe o peão como a palha
e em segundos, beija o chão...

As amarras da saudade
voltam a dias passados
de doce felicidade
e momentos encantados.

Coloco olhos no presente
com o passado na mente
sinto modificação,
saudade no coração.

BARCO DA VIDA

Nascido sou em terra estranha,
vim morar neste rincão.
Tenho saudade tamanha
guardada no coração.

De tão felizes momentos
desde tempos de criança;
o sol, lua, encantamentos
num oceano de confiança.

Não se resgata o passado,
o barco ficou parado
ignorando apelos meus...

Tudo são fatos da lida,
na revolução da vida
determinada por Deus!

Do passado, só saudade
e não há outro caminho,
mesmo tendo liberdade
não se volta àquele ninho!

Retornando a tempos idos
de ensolarado verão,
saudade de entes queridos
carregada de emoção.

PARCERIA

Penetro na floresta do passado
reativando o belo enobrecido
do maravilhoso mundo encantado,
vivendo emoções de suave sentido.

O lindo rio correndo, compassado,
por vezes atritado, enfurecido...
sobre a ponte, via tudo engraçado,
nos braços de ente jamais esquecido.

Era criança, amava os passarinhos.
Tinha de minha mãe doces carinhos,
afetos sinceros, a linda unção.

Hoje, na parceria da saudade
comungo da graça e felicidade
ao receber de Deus a proteção!

Vida, sonho delicado...
e que a natureza encerra;
a paz, e o amor elevado
são maravilhas da terra.

E quando Deus abençoa
ilumina toda vida.
Seu cântico bem entoa
na beleza reflorida.

NATUREZA

No cerro, lá no sertão, o casebre.
Noite com a magia enluarada.
Amanhece, frescor, a flor reabre,
deslumbrante manhã ensolarada.

Pássaros voando; corre a lebre.
Há gorjeios ricos. Vozes na estrada,
com perfumes, brisas e sons em febre
e também a borboleta enamorada...

A extraordinária natureza
onde o Criador pincelou beleza.
Na rede, a mãe acalanta a criança.

E o belo cotidiano apresenta
tranqüilidade em que se ornamenta,
a vida, essência de luz e esperança.

Insira-se na verdade
árvore do bom sustento,
fortaleza e qualidade
Resiste à intempérie e ao vento.

Verdade é a luta da vida
num complexo turbilhão;
muita gente protegida
outras, caídas no chão.

A VERDADE

A verdade nasce solidificada,
é produto acabado, pronto.
Sua essência não pode ser modificada,
seja de glórias, derrotas, riso ou pranto.

Ela é realidade,
nasce e vive transparente, sem véu.
Marca presença na naturalidade
e perdura, como o firmamento, no céu.

É virtude, faz parte da vida,
fiel, talentosa e esclarecedora,
tão valorosa, por isso destemida.
Seu conhecimento a faz orientadora.

É facho de luz no Universo,
ilumina os segmentos da humanidade,
indicando o caminho correto,
e imprime sua força – a autenticidade.

A perfeita natureza
expondo o belo real
foi bordada com certeza
com arte celestial.

Florestas, vales, montanhas,
as brisas e ecos da serra
traduzem luzes tamanhas
do jardim, planeta terra.

ESPLENDOR

A natureza rica de esplendores:
pássaros de variadas plumagens,
pradaria recoberta de flores,
a lua e o sol de limpas imagens.

Arco-íris com riquezas de cores,
a brisa tocando nas ramagens,
a mimosa flor derramando olores
e águas em primorosas rolagens.

As montanhas e soberbos relevos
de magnitude e belos enlevos.
Maravilhosa ornamentação.

O homem na sua autoconfiança
e a nobre singeleza da criança;
Tudo é a força de Deus, em ação!

Lembro com muita saudade
o meu tempo de criança.
Decorre uma eternidade
Mas a mente não descansa.

Oh! Lembranças e saudade
dos tempos, dos tempos idos,
da beleza e da bondade
nos caminhos percorridos.

REPASSANDO...

E rebrilha a natureza
mostrando sua pujança
aumentada de beleza
no sorriso da criança.

E vertem lendas antigas
ouvidas quando criança
junto a fogueiras amigas
de fascinantes lembranças...

Repassando os tempos idos,
saudade de entes queridos
guardada com emoção.

Por vezes penso ser sonho
o passado que reponho
na minh'alma e coração.

Deus é meu pai soberano,
a fonte que gera luz,
eu caminho sem engano,
Ele sempre me conduz.

                        A vida uma caminhada
                        que Deus nos ofereceu,
                        linda, bem direcionada,
                        que pelo amor floresceu.

CLARIVIDÊNCIA

Verdes prados recobertos de flores
embelezando dias de verão,
pássaros, melodias, esplendores
e a brisa amena espalhando a canção.

Alegrias irmanadas de cores
infundem no poeta forte emoção.
onde sobrevivem fontes de amores
contexto de nobre cintilação.

A luz do sol banhando a natureza,
as águas correntes vindas da mina
aguçam ainda mais, tanta beleza.

Clarividência rica, encantadora,
configurando saberes, ensina,
além de nós, há Deus, força motora.

Oh! Quanta sabedoria
envolvida no universo.
A natureza é alegria
cantada em prosa e verso.

Convívio da natureza
enfoca diversidade,
mostrando tanta beleza,
criação da Divindade!

DEUS NOSSO SENHOR

Fim da noite, vem a aurora
para o dia iniciar.
Fim do dia, chega o crepúsculo
para a noite retornar.
Da natureza são firmes estatutos
ninguém pode essa lei modificar.

O sol ilumina o Universo e dá calor.
A chuva molha a terra e a refresca.
As águas obedientemente evaporam
e os rios correm sempre para o mar.
São estatutos firmes em vigor,
não se pode modificar.

Os pássaros à noite dormem
nas ramagens dos arvoredos,
nem que os ventos os embalem,
permanecem firmes, sem medos.
São fatos da natureza,
não se pode alterar, com certeza.

De dia, os pássaros emitem gorjeios lindos,
com magia. Seus cantares invadem o ar,
aonde exalam perfumes das flores
e voam à procura de alimentos
para si e filhotes, seus rebentos.
Disso ninguém pode duvidar.

Na empolgante brancura das cataratas,
vapores d'água. Ao redor borboletas e matas,
depois, as águas tornam ao leito
e o rio, mansamente, corre destino ao mar.
Entre eles, o rio Paraná, que não pode parar.
Tudo são fatos, não se pode negar.

Vê-se na linha do horizonte, distante
os contornos, os encantos,
nas matas verdes, as ondulações, a serra,
fascinantes belezas da terra.
Bem próximos verdejantes campos,
tudo tão contagiante.

Grandiosas a fauna e flora da terra,
assim também, as do mar.
Difícil galgar os altos picos da terra,
assim como atingir as profundezas do mar.
Areias dos desertos e praias, impossível contar!
Tudo são verdades, não se pode duvidar.

Nas noites escuras, no céu,
vê-se a lua e estrelas espalhadas
formando belezas incomparadas.
É mais uma parte da natureza,
com suas fortes leis em vigor.
Mas todas essas maravilhas, quem as fez?
Sem dúvida, foi Deus Nosso Senhor!

Na solidão se medita
a força vinda de Deus
presença de ação bendita
em tudo que concebeu.

Temos de Deus a presença
o poder que nos refaz,
induzindo-nos na crença
do bem, do amor e da paz.

DESTINAÇÃO

Seja curta ou longa a caminhada,
tem de se cumprir a destinação;
impossível o desvio da jornada.
É lei soberana da criação.

Assim, cultive a vida doce e amada
sedimentando amor no coração.
E mire-se na flor sempre encantada
distribuindo perfumes e emoção.

É tão mesclada e bela a natureza
fonte da clarividência, certeza
e pincelada com a magna arte.

Plena virtude da sabedoria,
e nesse contexto lindo, sorria,
pois, Deus colocou você como parte.

Assim é porque Deus fez.
Será assim porque Ele quer,
a revolta não tem vez,
nem força ou poder sequer...

Esta obra foi impressa em oficinas próprias.
Ela é fruto do trabalho gráfico das seguintes pessoas:

Professor revisor:
Adão Lenartovicz

Impressão:
Andrea L. Martins
Carlos de Lara
Carlos Henrique Brasil
Marcelo Schuab

Editoração:
Eliane Peçanha
Elisabeth Padilha
Lidiane Guizun
Lucia Landoski

Acabamento:
Anderson A. Marques
Bibiane Rodrigues
Gisele Caetano
Luzia Gomes Pereira
Maria José Rocha
Nádia Sabatovski
Romilda Souza

Índices:
Emílio Sabatovski
Iara Fontoura
Tânia Saiki

> "Há pessoas que amam o poder; e outras que têm o poder de amar."
> **(Bob Marley)**